FRANCISCO JOSÉ DE ALMEIDA

A VIRTUDE DA ORDEM

3ª edição

@editoraquadrante
@editoraquadrante
@quadranteeditora
Quadrante

QUADRANTE

São Paulo
2023

Copyright © 2006 Quadrante Editora

Capa
Provazi Design

Dados Internacionais de Catalogação na Publicação (CIP)

Almeida, Francisco José de
  A virtude da ordem / Francisco José de Almeida — 3ª ed. — São Paulo: Quadrante, 2023.

  ISBN: 978-85-7465-549-9

  1. Conduta de vida 2. Ordem 3. Vida cristã 4. Virtudes I. Título
  CDD-241.4

Índice para catálogo sistemático:
1. Ordem : Virtudes : Ética cristã 241.4

Todos os direitos reservados a
QUADRANTE EDITORA
Rua Bernardo da Veiga, 47 - Tel.: 3873-2270
CEP 01252-020 - São Paulo - SP
www.quadrante.com.br / atendimento@quadrante.com.br

SUMÁRIO

INTRODUÇÃO 5

O QUE É A ORDEM? 13

OS CAMPOS DA ORDEM 55

UMA VIDA EM HARMONIA 105

INTRODUÇÃO

Num dos pontos iniciais do seu livro *Caminho*, diz São Josemaria Escrivá: «Não voes como ave de capoeira quando podes subir como as águias»[1]. Com essa imagem, recorda-nos que, no meio da sua vida diária, o cristão deve ter a cabeça, os olhos e o coração postos no céu e, assim orientado, procurar elevar-se até às alturas de Deus.

Outro dos pensamentos do autor, agora em *Forja*[2], fala-nos de um

---

(1) Josemaria Escrivá, *Caminho*, 11ª. ed., Quadrante, São Paulo, 2016, n. 7.
(2) Josemaria Escrivá, *Forja*, 4ª. ed., Quadrante, São Paulo, 2016, n. 39.

passarinho que, por suas forças, mal consegue chegar à sacada do terceiro andar de um prédio, até que um dia uma águia o arrebata nas suas poderosas garras e, depois de erguê-lo até o azul dos céus, o solta dizendo-lhe: «Vamos! Agora voa!»

Sabemos que, por desígnio divino, não fomos feitos para arrastar-nos pelo chão ou para bater as asas como uma galinha espavorida, para afinal só nos deslocarmos um ridículo metro e meio. Fomos feitos para um voo em que experimentaremos a liberdade, o ar puro e a vista inesgotável dos cumes.

Sabemos disso, mas também sabemos que, por nós próprios, se é que começamos bem, em breve nos assustamos ante a magnitude do firmamento que nos envolve e tornamos a procurar terra, onde nos sentimos seguros. É a diferença entre o dom das alturas e a vida rente à terra, esgaravatando o chão sem parar. O peso da nossa mediocridade, a asfixia do imediato levam-nos instintivamente a ter medo de continuar a voar e a desistir, quando começávamos a experimentar e a encantar-nos com um panorama de luz sem sombras e de paz silenciosa.

Mas se não duvidamos de que a Águia divina tem os olhos postos em nós e nos impulsiona, se a ela nos confiamos e a sabemos sempre por perto — não apenas no ponto de arranque —, esse peso não nos força a estar agarrados à terra. A graça do Batismo fez-nos, com uma marca indelével, da raça e da família dos filhos de Deus. Os outros Sacramentos instilam-nos gota a gota a vida e a força do próprio Deus. Ouvimos no íntimo o incessante murmúrio encorajador dessa Terceira Pessoa, amável e paciente, que é o Espírito Santo. Temos à nossa disposição, sempre que dela necessitemos, a ternura do regaço de Santa Maria, Mãe de misericórdia. Estamos amparados por esse Corpo do qual somos membros vivos — a Igreja —, que nos vitaliza e nos reabastece em pleno voo. E tantas ajudas mais.

Mas a todas essas ajudas — que pela fé estão ao nosso dispor —, temos que dar-lhes o suporte das nossas próprias asas, o ponto de aplicação da graça divina. «Deus que te criou sem ti, não te salvará sem ti», diz Santo Agostinho. E do cortejo de virtudes que compõem e fortalecem as nossas débeis asas, há uma, prosaica, envergonhada, que é a chave das outras, vistosas e muito cotadas: chama-se modestamente *ordem*.

É como essas estacas fundas que sustentam o edifício. Seu destino é enterrar-se, aguentar sem aparecer; se alguma vez aparece, é porque o edifício desabou. É uma virtude humilde e, na bolsa dos valores humanos, humilhada, depreciada: parece estribilho para meninos e meninas de colégio, não para homens feitos. E no entanto sem ela nada persiste, tudo cai, mais cedo ou mais tarde, e amontoa-se como entulho feio e incômodo em terreno baldio. *A desordem é uma das razões de fundo da nossa fragilidade*, apesar dos bons projetos.

Que acontece com um homem, uma mulher, um jovem estruturalmente desordenados? Não os veremos dar um passo que seja sequência do anterior e por isso nunca chegarão ao término do edifício. Ou serão o cata-vento que brilha e nada sustenta, inconstantes, frívolos, ociosos à espera de ver de que lado sopra o vento. Ou então esses homens afobados, esgotados, correndo atrás dos planos inacabados, dos encontrões em si próprios nas esquinas da sua desarrumação. Se se virem ao espelho da sua consciência, serão a imagem espectral da volubilidade ou do egoísmo frenético. E, para os outros, serão fundamentalmente pessoas *não confiáveis*: não respeitarão compromissos, nem prazos, nem amizades, e menos ainda ideais. Talvez seja por falta de reflexão ou de uma vontade firme. Talvez. Ou então, simplesmente por falta de ordem.

A ordem é uma virtude-serva: existe para servir. Mas, na sua raiz, é uma virtude-senhora: tanto pela sua origem, pelo seu berço, como pela meta a que nos conduz, se aceitamos a servidão paradoxal de servir a essa virtude que nos serve.

Não se pretende fazer aqui umas considerações de mera prudência, ditadas pelo senso comum, nem oferecer conselhos de autoajuda, nem enunciar modos de melhorar o rendimento pessoal ou a eficácia organizativa. Do que se trata é de compreender melhor que a origem e o fim últimos da ordem se situam fora do espaço e do tempo, na eternidade que nos precede e nos aguarda.

O QUE É A ORDEM?

Em matéria de ordem nas nossas ocupações, todos tendemos a cuidar do imediato, se não do atrasado ou do urgente, sem refletir habitualmente nos princípios que deveriam dar origem e razão de ser às nossas atividades. Ouvimos falar dessa palavra e logo pensamos na mesa do nosso escritório, atulhada de papéis pendentes...; no armário, na confusão do quarto das crianças ou dos nossos livros amontoados... Mas, na realidade, esse aspecto utilitário não é — não deve ser — um princípio autônomo nem um fim em si mesmo, mas consequência de outra ordem fundamental, interior, que se traduz e se projeta no que se faz.

Para entender o que é a ordem, é preciso começar por compreender que não é qualquer tipo de estruturação das minhas coisas que pode realmente merecer esse nome. Sem ir mais longe, uma ordem que se limitasse à mera organização de coisas materiais e ocupações pessoais, vendo nela uma lei suprema, a ponto de converter-se numa mania, num verdadeiro ídolo ao qual se sacrificassem valores mais importantes, seria na realidade uma grave desordem. Daí que seja muito importante conhecer e viver os critérios da ordem que hão de regular a vida e as coisas da vida. Por exemplo, posso ordenar a minha atividade segundo princípios que me ajudem a cumprir cabalmente o dever, ou então pela lei do menor esforço ou do gosto pessoal; segundo critérios de generosidade ou de egoísmo; em nível puramente sensorial ou de acordo com critérios morais, etc.

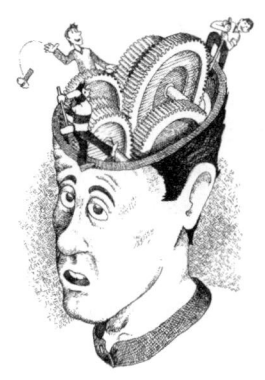

A ordem exterior é reflexo de outra ordem, mais fundamental, que é interior.

Em último termo, para cortar caminho, diremos que a ordem digna desse nome tem de partir e apontar para um objetivo muito alto: o de conseguir que todos os nossos atos se ordenem para uma *vida virtuosa*, que se proponha traduzir nesses atos a ordem querida por Deus para nós e para as coisas que dependem de nós, tal como consigamos apreendê-la. A ordem será assim, mais que uma virtude, o resultado de muitas virtudes juntas que refletirão a vontade de ajustar-nos ao que Deus quer de nós: à ordem por Ele estabelecida para o nosso caso.

A ordem querida por Deus

Deus estabeleceu uma ordem ao criar os seres inanimados e os seres vivos, em especial o homem. Não criou por criar. Nada no universo existe sem finalidade. O homem, dotado de alma imortal, menos ainda.

E não só o homem em geral, mas eu em particular. Costuma-se dizer que «Deus só sabe contar até um». Isto significa que eu não sou um ser perdido na imensidão do universo, mas alguém muito especial em quem Deus pousou individualmente o seu olhar de Pai e de quem espera um comportamento determinado. Ajustar-me a essa expectativa, conformar os meus planos e ações a esse projeto divino, cuidadosamente procurado e meditado, é a ordem que deve reger os meus dias e os meus passos.

Não pensemos que a ideia de Deus sobre cada um de nós é algo vago, impossível de ser apreendido. Em primeiríssimo lugar, porque Ele nos fez conhecer os seus princípios de ordem para o gênero humano e, por conseguinte, para nós: os Dez Mandamentos. Cumpri-los é o primeiro elemento ordenador da nossa vida; descumpri-los é a desordem, melhor, a fonte de todas as desordens e, no fundo, a verdadeira e única desordem: chama-se a isso *pecado*.

Aos olhos humanos — superficiais e míopes —, o pecado não parece às vezes tão importante. Mas não é verdade. Recordemos, a este propósito, a conhecida afirmação do Cardeal Newman, quando se converteu do anglicanismo à Igreja Católica:

«A Igreja Católica afirma que, se o sol e a lua se precipitassem do firmamento, e a terra se afundasse, e os muitos milhões que a povoam morressem de inanição em extrema agonia, tudo isso, que causaria males temporais, tudo isso seria um mal menos grave do que o de uma única alma que não só se perdesse, mas cometesse um único pecado leve, dissesse deliberadamente uma mentira ou roubasse sem motivo uma moeda de cinquenta centavos»[1].

A isso acrescenta-se o que diz o *Catecismo da Igreja Católica*:

> «Os Dez Mandamentos fazem parte da revelação de Deus. Mas, ao mesmo tempo, ensinam-nos a verdadeira humanidade do homem. Põem em relevo os deveres essenciais e, por conseguinte, indiretamente, os direitos fundamentais inerentes à natureza da pessoa humana. O Decálogo encerra uma expressão privilegiada da "lei natural"»[2].

Quer isto dizer que todo o pecado, por ser uma ofensa a Deus, que «escreveu os

---

(1) *Apologia pro vita sua*, cap. 5.
(2) *Catecismo da Igreja Católica*, n. 2070.

Dez Mandamentos "com o seu dedo" (Êx 31, 18; Deut 5, 22) e os revelou na Nova Aliança em Jesus Cristo no seu sentido pleno» (cf. *op. cit.* n. 2056), introduz um elemento de corrupção na natureza do homem, desfigurando-a e contaminando as relações humanas. Por menor que pareça, o pecado é, pois, a maior desordem e a fonte de toda a desordem, mesmo socialmente. Seria absolutamente errado ver nos Dez Mandamentos um conjunto de proibições. São antes a sinalização que protege contra os descaminhos e permite o avanço ordenado para uma realização digna do ser humano e, em consequência, da própria sociedade. Escrevia o filósofo Robert Spaemann que as condições de sobrevivência do homem e da sociedade não são objeto de votação: são como são. Quer dizer, são ditadas pela própria natureza do ser humano, tal como Deus o criou. Ignorá-las ou desrespeitá-las é destruir-se; cumpri-las é realizar-se. Essa é a ordem.

Que coisas ordenar?

Na sequência dessa ordem comum a todo o ser humano, vem o seu detalhamento de acordo com a situação particular de cada um. As grandes linhas de rumo queridas por Deus exigem comportamentos individuais, isto é, a aplicação ao caso pessoal. Temos de compreender que, ainda que conheçamos o caminho certo, isso não basta — e até podemos acabar por sair desse caminho —, se cada passo contradiz o anterior e dificulta o seguinte, se temos o pé direito indo para a frente e o esquerdo, todo torcido, indo para trás.

Talvez não possamos estar seguros de que, por exemplo, a ordem numa gaveta do nosso armário de roupa, colocando as camisas à direita e os lenços à esquerda, seja algo expressamente querido por Deus; falando com objetividade, tão agradável a Deus poderia ser dispor as camisas à esquerda e os lenços à direita. Mas o que podemos afirmar é que não seria agradável a Deus que, por preguiça ou negligência, as camisas ou os lenços estivessem misturados com os sapatos. E isto porque o Senhor quer ordem, isto é, que cada coisa esteja no lugar que lhe cabe, racionalmente estudado, de modo a permitir o curso da vida, sem complicá-la a curto ou médio prazo.

E isto leva também à noção das *prioridades*. As nossas coisas não têm todas a mesma importância, e, por conseguinte, o que é mais importante deve vir em primeiro lugar, e o que o é menos tem de vir em segundo, e assim sucessivamente. Essa subordinação é querida por Deus. Qualquer ordem inferior deixa de ser ordem se contradiz ou usurpa o lugar da ordem superior. Há que subordinar o imediato ao necessário, o pessoal ao familiar, o divertimento ao dever, o capricho ao compromisso, e, em última análise, o egoísta e medíocre ao virtuoso; numa palavra, *o temporal ao eterno*, o dia a dia à imitação de Jesus Cristo, o único Nome pelo qual podemos ser salvos (cf. At 4, 12), e desse modo ter uma antecipação, um começo, do eterno no temporal. O que se joga aqui, como vemos, é algo decisivo, porque tem a ver com o longo prazo, com o nosso destino.

É verdade que nem sempre somos capazes de agir com toda a consciência por uma motivação tão elevada. E é também evidente que, mesmo que assim fosse, não chegaríamos a consegui-lo de hoje para amanhã.

Trata-se, pois, de duas coisas que se alimentam uma à outra. Primeiro, convencermo-nos de que, efetivamente, a razão última para vivermos, pensarmos e trabalharmos com ordem está em que assim cooperamos para a realização do plano divino. Segundo, que essa finalidade suprema, se lá no fim a queremos alcançar, tem de refletir-se agora na ordem com que colocamos as camisas, os lenços e os sapatos... Isto é, na vida diária. Qualquer fragmento de ordem — nas coisas materiais, nas atividades do espírito, no trabalho e no lazer, na família, etc., etc. — tem todo o valor, apesar de um ou outro parecer insignificante ou sem conexão com o fim último.

Não nos preocupemos se, ao chegarmos pontualmente ao trabalho ou repormos um livro no lugar de onde o tiramos, o fazemos por uma razão imediata de eficácia, ou para economizar tempo, ou como meio de não perder a calma e a paz interior, ou por respeito ao próximo ou mesmo por temperamento. Esses motivos imediatos, para um homem ou mulher de fé, não podem fazê-los esquecer que, por trás deles, se escondem chamadas divinas para uma unidade de pequenos atos diários, que se hão de entrelaçar para dar cumprimento à ordem querida por Deus para o universo e para cada ser humano. É isso, nada mais e nada menos, o que está em jogo nessa virtude tão apagada, caseira.

Critérios de ordem

Santo Agostinho definiu a ordem como «uma disposição de coisas iguais e desiguais, que dá a cada uma o seu lugar»[3]. Daí que, antes de colocarmos

---

(3) *De civitate Dei*, l. 19, cap. 13.

as nossas coisas e tarefas no seu devido lugar, seja primordial definir esse lugar.

Ora, isso leva-nos a averiguar quais as realidades que devem sobrepor-se ou subordinar-se a outras. São tantas as coisas que nos solicitam em cada momento, que é imprescindível selecioná-las e hierarquizá-las *pela sua relação e proporção com a finalidade da nossa vida*. Caso contrário, pode acontecer o que dizia Santo Agostinho: *Bene curris, sed extra viam*, «você corre bem, mas fora do caminho». E, nesse caso, pode perfeitamente acontecer que, quanto mais corramos, mais nos distanciemos da meta última, enredados num acúmulo de interesses, todos nobres, mas de peso diverso.

Mas que coisas são essas que se devem dispor?

Alguém comparou a nossa vida a uma mão[4]. Para que a mão possa realizar plenamente a sua função, é preciso que tenha os cinco dedos: que não falte nenhum, sem que, como veremos adiante, nenhum seja mais curto ou mais longo que o devido; pois, na prática, provocaria maior limitação funcional ter um dedo de dois ou de vinte centímetros de comprimento do que não ter esse dedo.

Os cinco dedos nessa imagem são:

— os *trabalhos profissionais*, simbolizados pelo dedo indicador;

— os *deveres religiosos*, representados pelo dedo médio;

— as *obrigações familiares*, figuradas no dedo anular;

---

(4) Cf. José Luis Soria, *Orden*, Ediciones Palabra, Madri, 1992, p. 28.

— o *descanso* e a *cultura*, expressas pelo dedo mindinho;

— e as responsabilidades de *caráter social*, refletidas no dedo polegar.

Os «cinco dedos» da ordem.

Em primeiro lugar, os *deveres para com Deus*, representados pelo dedo médio nesse esquema. E com toda a razão.

Com efeito, tudo o que corresponde às verdades que se prendem direta ou indiretamente com a nossa *relação com Deus* tem de estar em primeiro lugar. Disso depende a finalidade última da ordem, porque *de que serve ao homem ganhar o mundo inteiro se vier a perder a sua alma?* (Mt 16, 26). Uma ordenação de coisas e afazeres que em último termo não levasse a esse final, comprometeria todos os demais planos. No fundo, trata-se de começar por viver a ordem que está nos alicerces de toda a outra ordem: a que subordina a criatura ao seu Criador. É ela que fundamenta e dimensiona tudo o mais que nos possa ocupar. Por ela se compreende que a matéria há de estar subordinada ao espírito: o corpo à razão, a razão à alma, a alma a Deus.

Um homem que cumprisse perfeitamente os seus deveres profissionais, que se dedicasse com toda a solicitude à esposa e aos filhos, que fosse um colega e amigo exemplar, mas não alimentasse e baseasse tudo isso num relacionamento íntimo com Deus, seria um homem estruturalmente desordenado, em equilíbrio instável. Lembraria o episódio daquele avô, empresário bem-sucedido, que começou a ensinar o catecismo à neta e, depois de lhe ler a primeira pergunta (que dizia: «A finalidade da vida do homem nesta terra é conhecer, amar e servir a Deus»), pôs-se a chorar: «A única coisa que não fiz na vida foi cumprir a finalidade da minha existência...»

Há quem reaja perante esta afirmação protestando que não podemos passar o dia inteiro rezando ou na igreja, porque... também é preciso comer. É uma objeção evidentemente simplificadora. Ninguém pretende afirmar que se deva dedicar a maior parte do dia a práticas devocionais ou atos de culto, mas sim que os elementos necessários para alimentar a vida religiosa não podem ser sacrificados ou mesmo antepostos a quaisquer outros objetivos. Não falamos aqui de uma maior ou menor dedicação de tempo, mas de hierarquia de valores. Uns minutos de oração são certamente mais importantes que oito horas de trabalho seguido, e não passam de uns minutos.

Vêm depois as obrigações que nascem do trabalho profissional e da nossa posição na família e na sociedade: solteiros, casados ou viúvos; pais ou filhos; empregados ou dirigentes; estudantes, operários ou aposentados. Todas essas circunstâncias e muitas outras constituem a base do que poderíamos chamar *deveres de estado* e devem enquadrar-se na virtude da ordem.

E vêm por último outros deveres, diríamos *humanos,* que também devem achar um espaço na nossa vida.

É o cuidado com a saúde, o descanso, a cultura, o esporte, o relacionamento social e, para um cristão que tome *a sério* a sua condição de batizado, a solidariedade, que o leva a interessar-se pelo bem-estar material e espiritual das pessoas das suas relações: parentes e amigos, colegas de trabalho e, num círculo mais amplo, todos aqueles a quem podemos ajudar.

A agenda

Dizíamos que a ordem começa pelo cuidado de atribuir um lugar a cada coisa, para depois colocar cada coisa no seu lugar. Comecemos pelo primeiro aspecto.

Havia um homem que, num momento de excesso de ocupações, com bom humor, pedia a Deus o dom da ubiquidade: que pudesse estar em mais de um lugar ao mesmo tempo. Houve santos, muito poucos (neste momento só me ocorre Santo Antonio de Pádua ou de Lisboa), que foram contemplados com esse dom. Mas talvez a nós — que de santos temos apenas a boa vontade —, Deus nos dissesse: «Organize-se melhor, meu filho, e verá que esse *milagre* acontece na sua vida».

Também haverá quem suspire por um dia de vinte e cinco horas. E a esse, Deus responderá coisa parecida: «Com essa hora a mais, que farás que não possas fazer com as horas que todos têm? Não é, em grande medida, uma questão de método? De ordem na cabeça e no coração?» Boa matéria para um exame de consciência a fundo seria perguntarmo-nos sinceramente: «Se eu tivesse uma hora a mais em cada jornada, em que a empregaria? E se tivesse uma hora a menos, que coisas cortaria?»

O problema resolve-se por algo muito simples e, talvez precisamente por isso, difícil: *a agenda*. É esse caderninho, ou *palm*, ou outro objeto qualquer — há quem use a porta da geladeira... —, em que anotamos os nossos compromissos, o horário para cada um deles, e depois o consultamos como roteiro imprescindível das nossas obrigações.

Dizia São Josemaria Escrivá, com o realismo que o caracterizava, que as potências do homem não são três, mas quatro: memória, inteligência, vontade e... agenda! E bem se vê que esta última, na sua modéstia, é a que serve de fiadora das outras três, humanamente tão elevadas e nobres. Um homem, uma mulher, um profissional ou uma dona de casa que não faça no começo do dia — melhor na véspera — a sua lista de compromissos, será sempre um barco à deriva, arrastado pelas ondas do imediatismo, da improvisação ou do comodismo... A agenda é o humilde instrumento a serviço da grande ideia-força do *cumprimento do dever*. É isso que está em jogo.

Os homens importantes, cheios de compromissos de todo o gênero, são obrigados a ter a sua agenda do dia e a ser-lhe fiéis: é para eles questão de vida ou morte. Nós, que somos *ordinary people*, não precisamos menos desse garante da boa ordem. *Agenda* é a palavra latina — gerúndio substantivado do verbo *agere*, «agir» — que significa *as coisas que devem ser feitas*. Se queremos findar cada dia com a satisfação do dever cumprido, temos de começar por cumprir esse primeiro dever, às vezes incômodo, mas necessário para termos claramente presentes na cabeça o conjunto e a hierarquia dos nossos compromissos.

Para planejarmos o uso do nosso tempo, o senso comum e a experiência ditam-nos diversas regras:

1) Antes de mais nada, perguntarmo-nos com sinceridade o que *temos* de fazer hoje — não o que nos agrada ou nos é mais fácil fazer.
2) Montar a sequência do que temos de fazer: isto exige que definamos para cada ocupação o *momento exato* em que devemos realizá-la. Quantos esquecem esta verdade elementar: só se pode fazer uma coisa de cada vez; por isso andam intranquilos, com as mãos numa coisa e a cabeça em outra, com interrupções e descontinuidades. Definir o momento exato de cada coisa é poder entregar-se a ela de corpo e alma, concentrado na perfeita execução e com paz de espírito.
3) Ser *realistas* na avaliação do tempo que cada coisa nos vai exigir; qualquer erro nesta matéria compromete as coisas que vêm a seguir, e o

dia transforma-se num corre-corre estabanado ou em omissões que sacrificam outras coisas que também tínhamos de fazer.

4) Esse planejamento realista precisa ter em conta não apenas o fazer, mas o fazer *bem feito*: «Devagarinho, e boa letra, que fazer as coisas bem importa mais do que fazê-las»[5]. É preciso prever o tempo para poder começar e acabar — «o inferno está cheio de coisas feitas pela metade», diz o ditado —; e para isso é preciso trabalhar com folga suficiente, com serenidade e paz. *Festina lente*, diz o provérbio latino: «apressa-te lentamente»; o que também se pode traduzir pelas palavras que, segundo se diz,

---

(5) Antonio Machado, «Proverbios y cantares», XXIV, em *Poesías completas*, CLXI, Espasa-Calpe, Madri, 1940.

D. Pedro II costumava dirigir ao seu cocheiro quando tinha de sair: «Vá devagar porque tenho pressa». Não se trata de um convite à indolência, mas à previsão do homem prudente.

5) Neste sentido, *nem tudo o que é urgente deve ser resolvido na hora*. Há questões urgentes que têm de ser pensadas, consultadas, ou até — depois de se ter chegado a uma conclusão — deixadas em banho-maria por um certo tempo para ganhar maior certeza. É uma grande verdade que, em alguns problemas, «quem não conta com o tempo, o tempo se encarrega de desmenti-lo». Mas isto não é um convite à protelação; é um convite para que *se pense urgentemente*.

6) Prever o que temos de fazer hoje significa também prever que temos de fazer hoje a *parcela diária*

daquilo que tem de ficar pronto daqui a uma semana, um mês, um ano... Um estudante sabe que, se em cada «hoje» não dedica ao estudo pessoal um certo número de horas, ao fim do semestre ou do ano não conseguirá ir bem numa prova; não adianta que conte com noitadas à base de café e coca-cola: esses conhecimentos engolidos sem mastigar, colados com cuspe, irão desqualificá-lo para uma carreira profissional séria. Isto aplica-se a todo o tipo de ocupações a médio ou longo prazo: os que adiam dizendo: «Tenho tempo», são os mesmos que, com frequência, depois acabam lamentando: «Já não tenho tempo».

7) Contar com os *imprevistos* de todo o gênero. Se são imprevistos, é porque não podemos programá-los, é óbvio, mas podemos *precaver-nos*.

Se saio de casa com o tempo justo, o mais natural é que tenha de pedir desculpas pelo atraso. «Não buzine; saia mais cedo», diz a sabedoria do irmão de estrada. Nunca se viu um trem que saísse antes de outro pelo mesmo trilho e chegasse depois. Aliás, por que há pessoas a quem acontecem mais imprevistos do que a outras? Conspiração cósmica?

8) Ter *postos de observação* — por exemplo, ao meio-dia, depois de terminada uma tarefa ou antes de entrar numa nova, etc. — para ver se até esse momento tudo se cumpriu ou se vai cumprir a tempo e horas. Porque, se há atrasos que não se podem recuperar, há outros que têm remédio dentro do próprio dia. Muitas vezes, será preciso refazer a nossa agenda segundo as novas circunstâncias. É assim que procede o capitão de um navio em

mar alto, que tem de corrigir a rota com frequência.

9) De qualquer maneira, é necessário fazer um *balanço* ao fim do dia, porque a experiência tem de ser assimilada. Onde foi que perdi o tempo? Que coisas omiti ou não acabei? Por que furei este prazo ou faltei àquele compromisso? Se não há dúvida de que a ordem é uma virtude — não uma qualidade com que se nasce, embora uns tenham por ela maior inclinação natural que outros —, isso significa que tem de ser adquirida e cultivada, e portanto pode e deve ser aprimorada de dia para dia. Assim estamos em condições de amanhã não tropeçar na mesma pedra de hoje, e de *aumentar* a nossa capacidade de realização. Henry Ford costumava dizer que sempre é possível melhorar o ritmo da produção.

10) Todo o nosso planejamento cai por terra quando surge um *dever de caridade*. Se o meu próximo precisa de mim *agora* — alguém da família, um colega de escola ou de trabalho, esse desconhecido que se acidentou ou desmaiou quando eu passava por ele —, toda a minha *ordem* consiste *em abandonar o que vinha fazendo*, ou ia fazer, para socorrê-lo. A parábola evangélica do bom samaritano (cf. Lc 10, 20-37) mostra a diferença entre a verdadeira ordem e a que não é senão um disfarce do egoísmo, entre a verdadeira religião e a falsa. «Isto não estava no meu plano para esta tarde». Mas estava no plano de Deus.

11) E na mesma linha da ordem da caridade, pesa muito a consideração de que, se a desordem já é um mal para mim, seria um *mal grave* se prejudicasse os outros: «Já seria

ruim que perdesses o tempo, que não é teu, mas de Deus, e para a sua glória. Mas se, além disso, fazes que outros o percam, diminuis por um lado o teu prestígio e, por outro, aumentas o esbulho da glória que deves a Deus»[6]. A Deus, Senhor do tempo, não se faz esperar, e essa é a barbaridade e desvergonha que cometemos quando o fazemos passar horas — sim, a Ele, na pessoa dos seus filhos muito amados — em salas de espera de consultórios médicos e pronto-socorros, de escritórios de advocacia, nas filas das repartições públicas ou dos Bancos, dos meios de transporte, etc., etc. No fundo, são descasos para com Deus por parte dos profissionais, das autoridades.

---

(6) Josemaria Escrivá, *Forja*, n. 552.

A caridade passa por cima de todas as outras obrigações, mesmo as mais urgentes.

12) E uma última observação, dentre as mil que se poderiam acrescentar: não existem — nem humanamente nem, muito menos, para um cristão — deveres mais importantes e deveres menos importantes.

Se são deveres, *todos são igualmente importantes* e inadiáveis, quer demandem cinco horas ou um minuto. Presidir pontualmente a uma reunião da empresa, em que se vai por fim decidir a fusão com uma multinacional, tem a mesma importância *em face da minha consciência* que telefonar a um amigo íntimo pelo seu aniversário.

Um lugar para cada coisa

Esse planejamento que garante a boa ordem precisa de uma infraestrutura, que é a ordem nas coisas materiais. Resumem-se aqui, por serem muito expressivas, as considerações que faz o autor acima citado a propósito deste tema.

Com que frequência vemos alguém queixar-se de que, em casa, no escritório, na sua biblioteca, não encontra o que procura «porque as coisas não estão onde deveriam estar»! Talvez o mais frequente seja que isso aconteça porque alguém deixou fora do lugar o objeto que usou; ou, às vezes, somos nós mesmos a causa, porque nos falha a memória onde antes nos falhou a ordem. Normalmente, as coisas inanimadas não têm pernas para mudarem de lugar e desaparecerem por iniciativa própria.

«Quem não tem cabeça, tem que ter pés», tem de correr atrás dos prejuízos, e o mesmo se poderia dizer da ordem. É incrível — e penoso — o tempo que se perde por não se ter o hábito de voltar a pôr uma coisa no lugar de onde se tirou, depois de usá-la.

Alguém dado a estatísticas chegou à conclusão de que se chega a perder um ano de vida à busca de coisas que não se sabe onde se deixaram. Pode ser um exagero, mas não há dúvida de que não ter um lugar certo para cada coisa, e, depois de utilizá-la, não fazer o pequeno esforço de recolocá-la lá, ao menos é fonte de desassossego e de mau humor, além de provocar atrasos que podem comprometer muita coisa.

Não se trata de perder o tempo em minúcias, mas de conseguir um mínimo de estrutura que permita ter cada objeto no seu lugar. Pastas, fichários, estantes, móveis e gavetas, armários, cabides, caixas, e assim por diante, são tudo instrumentos aparentemente estáticos que fazem fluir em ordem a torrente da vida.

É preciso evitar também, a todo o custo, esses pântanos que podemos designar com nomes pomposos como «Vários», «Miscelânea», «Pendentes», mas que são verdadeiros cemitérios de coisas e assuntos à espera de um dia de ressurreição que nunca chega. E daí vem o pesadelo dos prazos que não se cumprem, dos compromissos que não se honram, da correspondência acumulada, etc. É quase, quase — diz o autor que citamos — como viver «nessa terra de escuridão e sombra profunda» de que fala o Livro de Jó, «onde reinam as trevas e a desordem, e onde a própria luz é como morte noturna».

O sentido da ordem material

As aplicações práticas da virtude material da ordem variam, logicamente, com as pessoas: serão umas para uma dona de casa, outras para um profissional liberal, para um empresário, para um estudante e assim por diante. Mas, em qualquer dos casos, retenhamos desde já que a chave para assegurar uma atitude vigilante nesta matéria tem sempre um só nome: *espírito de sacrifício*. Parece que não, mas custa racionalizar a ordem das nossas coisas pessoais e melhorá-la, se tal como está é pouco prática; custa dobrar o jornal depois de lê-lo, ou voltar a pôr as cadeiras no lugar após uma reunião de família; custa ter *sempre* a mesa de trabalho sem lembrar um campo de batalha ou o final de uma feira livre, ter o armário de roupa com cada tipo de peças bem separado, com «as gravatas à mesma altura», como exemplificava alguém, e por aí afora. São tudo pormenores de autodomínio que revelam uma personalidade equilibrada.

Gabriel García Marques escreveu: «Descobri que a minha obsessão por colocar cada coisa no seu lugar não era o prêmio merecido de uma mente ordenada, mas, pelo contrário, um sistema de simulação para ocultar a desordem da minha natureza». Esta observação desanimada não se aplica a quem descobriu o valor divino do cuidado nos detalhes; os detalhes podem ser a expressão constante de um amor de Deus em que ecoam as palavras do Evangelho: *porque foste fiel no pouco, Eu te confiarei o muito* (cf. Mt 25, 21). Não admira que se tenha chegado a dizer — com veia lírica, mas com inteira verdade — que todas essas bagatelas são *uma flor para Maria*.

A Virgem Maria entende perfeitamente a linguagem dos pormenores de ordem, nas coisas pessoais e no cumprimento das obrigações, porque toda a sua vida foi um ramalhete de pequenas fidelidades aos seus deveres de Mãe de Deus. Começou, sim, por aquele *faça-se* maravilhoso que a levou, preparada de modo extraordinário pela graça de Deus, a entregar todo o seu ser à Vontade divina e a aceitar a Encarnação do Verbo no seu seio. Mas depois foram décadas de serviço silencioso como dona de casa. A Virgem Maria não foi outra coisa. E, por essa fidelidade, não falhou à hora suprema da cruz e morte do seu Filho, quando todos o abandonaram, e estava no Cenáculo quando, com a vinda do Espírito Santo, ficou fundada a Igreja. Por esse tecido de fidelidades em que se desdobrou a sua vocação de Mãe do Verbo, Ela mereceu ser aclamada e venerada ao longo das gerações como *Corredentora* e *Mãe da Igreja*.

No embalo desta referência a Nossa Senhora, vejamos alguns dos diversos exemplos que Mary Ann Budnik aponta como ocasiões para uma dona de casa jovem viver a virtude da ordem[7]:

— *Cada coisa no seu lugar*. Mal tenha acabado de usá-la, devolva-a imediatamente a esse lugar.

---

(7) Mary Ann Budnik, *You Can Become a Saint*, Lumen Christi Press, Houston — Four Courts Press, Dublin, 1990.

— *Os objetos pessoais têm de ser guardados no quarto de dormir* de cada um (sapatos, brinquedos, livros, etc.). Não se deixam à vista de todos.

— É preciso *fazer a cama antes de tomar o café da manhã*.

— *Planeje o cardápio para uma ou até duas semanas* e faça as compras de uma vez para esse período.

— *Não deixe nunca os pratos em cima da mesa ou na pia da cozinha*. Coloque-os imediatamente no lava-pratos ou lave-os a mão.

— Você pode *reduzir a lavagem da roupa a uma vez por semana* se cada pessoa da família tiver roupa de reposição para sete dias. Assim também a roupa dura mais.

— *Não deixe para o dia seguinte o trabalho de abrir o correio*. Leia-o imediatamente, classifique o que for preciso e jogue no cesto dos papéis o que não tiver interesse. Não perca o tempo lendo todos os anúncios, propaganda etc. que lhe traga o carteiro ou — podemos acrescentar nos nossos dias — lhe despeje o *e-mail*.

— *Acostume-se a fazer listas*, a usar notas autoadesivas para se lembrar do que tem que fazer.

— *Tenha junto do telefone um bloco de papéis e uma esferográfica para recados telefônicos* e habitue as pessoas da casa a escrevê-los na hora.

— *Não se irrite quando tiver que fazer fila*: aproveite o tempo rezando ou pensando no modo mais delicado de, sem adiar mais, fazer aquela advertência a um filho ou ter aquela conversa séria com o marido.

— *Nunca suba as escadas de mãos vazias*. Assim você não se gasta e o tapete também não.

Qualquer dona de casa acrescentaria a estes detalhes outros mil. E todos nós podemos adaptá-los ao nosso caso.

São pequenos caminhos de boa ordem, mas são caminho de imitação de Santa Maria, Esposa fidelíssima do Espírito Santo, que a todo o momento nos sugere delicadamente novos modos de aprimorar esta virtude, e que nos quer santos através da prosa da vida diária.

OS CAMPOS DA ORDEM

Retomemos a imagem dos dedos da mão: todos têm que ter a sua altura e configuração própria e uns não podem substituir satisfatoriamente os outros.

Há existências atropeladas, que passam os dias com as suas obrigações em permanente conflito, debatendo-se na aflitiva necessidade de terem de fazer *a escolha de Sofia*, sacrificando coisas muito caras porque se polarizam em alguma outra por falta de ordem previsora. São Lucas transmite-nos uma frase do Senhor que nos impede as desculpas: *Importa fazer isto e não omitir aquilo* (cf. Lc 11, 42). É próprio de pessoas imaturas desculpar-se de um dever de justiça ou de caridade invocando outros deveres. Já vimos acima que não há deveres mais importantes e deveres menos importantes; se são deveres, todos são igualmente imperiosos.

Ora, os conflitos e as incompatibilidades em que muitas vezes nos vemos apanhados mostram que o que nos falta é *reflexão*. No livro *Sulco*, São Josemaria Escrivá conta que um dia quis louvar um subordinado diante do seu superior, e comentou: «Quanto trabalha!» Deram-lhe esta resposta: «Diga antes: quanto se mexe!»[1]

Ocupar-se em determinada tarefa sem pensar no momento do dia em que se terá de acabá-la — ou suspendê-la, para dedicar-se àquilo que passa para o primeiro lugar — não é

---

(1) Josemaria Escrivá, *Sulco*, 4ª. ed., Quadrante, São Paulo, 2016, n. 506.

trabalhar, mas mexer-se. Absorver-se numa tarefa sem a prévia preparação é garantir que se vai demorar nela mais que o devido. Um teste simples: tenho de interromper um relatório ou um estudo, que escrevo ou dito a uma secretária, para procurar um documento ou um texto de consulta? Outro teste: o meu dia de trabalho é um constante «senta-levanta», uma sequência de interrupções em cima de outras interrupções? São sinais de desordem mental, que denotam falta de ponderação.

E já que falamos de interrupções, vem a propósito lembrar as que resultam dos telefonemas que recebemos. Temos a impressão de que, se é natural não podermos receber alguém que nos procura no escritório sem antes ter marcado hora, já um telefonema deve ser atendido imediatamente, mesmo que estejamos concentrados em estudar um assunto sério ou em atender uma visita combinada. E quando recebemos alguém, quantas vezes essa pessoa tem de ficar olhando para o teto a meio da conversa, enquanto nós atendemos o intrometido. Há exceções, sem dúvida, e para isso estão os pedidos de desculpas, mas, regra geral, não é nenhuma mentira — a menos que seja por comodismo — mandar dizer nesses casos que «estamos em reunião»; ligaremos depois, com toda a solicitude. É ordem e, em muitos casos, delicadeza e fina caridade. «Perdão, é só *um minutinho*!» E já sabemos que, com alguma frequência, não é assim.

Esse espírito de «barata tonta» pede que examinemos um pouco mais de perto esses cinco campos de responsabilidade que mencionávamos, procurando hierarquizá-los. Comecemos por ver como Deus atua.

*Há pessoas que pensam dever fazer
cinco coisas de cada vez.*

A ordem de Deus

Além dos motivos primordiais que, como indicávamos no começo, nos levam a pôr estes deveres antes dos outros, não custa muito perceber que ao fazê-lo, nos aproximamos da fonte de toda a ordem, pois nos identificamos com o modo de agir de Deus, que, por assim dizer, procede «ordenadamente» na sua Providência.

Já no modo como o Gênesis descreve a criação do mundo vemos um espetáculo assombroso de ordem: o universo é todo ele, desde a criação, uma sinfonia de ordem, como se admirava Einstein. Mas o mesmo se observa no plano divino a respeito do ser humano, criado e decaído após o pecado original.

Chegada *a plenitude dos tempos* (cf. Gál 4, 4), não antes nem depois, Deus envia o seu Filho unigênito para que, pelo sacrifício da Cruz, cancele o decreto de condenação que o homem provocara pelo seu pecado de desobediência. E depois assiste esse mesmo homem nos seus recuos, dando-lhe meios superabundantes para que se levante das fraquezas, se assim livremente o quiser: envia-lhe o Espírito Santo, que o há de amparar e fortalecer pelas suas inspirações, pela doutrina e pelos sacramentos de que faz depositária e administradora a Igreja que funda no dia de Pentecostes. Criação, salvação, santificação: três etapas do plano divino para permitir ao homem que alcance o seu fim eterno. Não é isto ordem?

E não é ordem toda a existência de Cristo nos seus trinta e três anos de vida terrena? Desde que nasce, no lugar predito, até que morre, no meio de sofrimentos igualmente preditos, nada na sua vida se passa como fruto de um querer arbitrário. *Ainda não chegou a minha hora*, diz Ele aos emissários de Herodes; *ide e dizei a essa raposa: «Eu expulso os demônios e faço curas hoje, e fá-las-ei amanhã, e ao terceiro dia consumarei a minha obra»* (Lc 13, 32); até que avisa aos Apóstolos adormecidos no horto da Oliveiras: *Chegou a hora [...]. Levantai-vos, vamos!* (cf. Mt 26, 45-46).

Anuncia com antecedência aos seus íntimos, para não os assustar nem desiludir, o momento em que será entregue às mãos dos que o farão morrer, como lhes anuncia o momento em que ressuscitará: *e ao terceiro dia ressuscitará* (cf. Mt 16, 21; 17, 23; 20, 19). Prepara com calma, por etapas, a mente e o coração dos discípulos para o mistério da Eucaristia, desde os milagres da multiplicação dos pães e peixes até a Última Ceia.

Nas suas andanças apostólicas, atém-se aos limites geográficos da missão que o Pai lhe estabeleceu: *as ovelhas de Israel*. Esclarece os Apóstolos acerca do Messias anunciado pelos Profetas, mas não teima em corrigir à força as ideias errôneas que têm; quando, pouco antes da Ascensão aos céus, ainda lhe perguntam se é esse o momento em que vai restaurar o reino de Israel, responde-lhes: *Não vos pertence a vós saber os tempos nem os momentos que o Pai fixou no seu poder, mas descerá o Espírito Santo...* (cf. At 1, 7). Cristo não resolve tudo, digamo-lo assim, porque seria uma «desordem». Segue o plano divino e deixa à ação do Espírito Santo, após a sua morte, o coroamento da sua tarefa: *Muitas coisas tenho ainda a dizer-vos, mas não as podeis suportar agora. Quando vier o Paráclito, o Espírito de verdade, ensinar-vos-á toda a verdade* (cf. Jo 16, 12). Serão os Apóstolos — não Ele — que irão estender a sua mensagem de salvação até os confins da terra. Não impressiona essa obediência «disciplinada» dAquele que detém *todo o poder nos céus e na terra* (cf. Mt 28, 18)?

E ainda, de tantos aspectos da sua vida que nos revelam pormenores de ordem, este a que já aludimos: o que mostra como a ordem deve submeter-se à caridade. *Mulher, não chegou a minha hora*, diz Jesus à sua Mãe, que lhe pede uma intervenção extraordinária nas bodas de Caná; mas depois, para poupar um vexame aos recém-casados, *antecipa* a hora e faz o milagre da transformação da água em vinho. E, muito embora não tenha sido enviado senão às ovelhas de Israel, não se importa de cometer a «desordem» de curar a filha da siro-fenícia, por um gesto de afetuosa caridade que acode à súplica nascida de uma fé humilde.

Enfim, ordem flexível, que se acomoda aos imprevistos: *Quando Jesus ouviu que João fora preso, retirou-se para a Galileia* (cf. Mt 4, 12). E quando vê que se adensam os conciliábulos para tramarem a sua morte, após a ressurreição de Lázaro, como ainda não tinha chegado a sua hora, *retirou-se para uma região vizinha do deserto, a uma cidade chamada Efraim* (cf. Jo 11, 54), o que lhe permitiria alcançar a fronteira da Samaria em caso de necessidade.

Tudo isto reflete a maravilhosa certeza de que Cristo, perfeito Deus, é também perfeito homem: nEle, o divino e o humano se fundem sem estridências nem choques, no cumprimento da sua missão entre os homens. Toda a sua vida entre os homens está ordenada para o cumprimento exato da sua missão divina. Não há nela situações de súbita exaltação «mística», de agitação febril, não há atropelos que derrubem o marco da serenidade e do absoluto domínio de todas as circunstâncias, por mais surpreendentes ou trágicas que nos pareçam: o trágico do seu destino jamais dá a sensação de ter sido imposto, antes é um desfecho por Ele desejado e para o qual livremente avança no momento e da forma por Ele escolhidos.

Nos próprios milagres que faz, cada um deles flui com suavidade, sem brusquidões intempestivas; emoldura-se no âmbito da «naturalidade» que torna tão atrativa e tão próxima a sua figura. Não é assim que opera esse primeiro milagre das bodas de Caná? Apenas pede que lhe tragam um elemento tão corrente como a água e, sem dizer uma palavra, transforma-a em vinho, e do melhor. Cristo não assusta nem afugenta pelo seu poder; não ofusca, não esmaga; vai dando progressivamente os motivos para que creiam nEle. Ao longo da vida pública, esconde-se sob a designação de «Filho do homem» — uma expressão obscura para os não-entendidos —, e só diante de Caifás é que declara explicitamente ser «o Filho de Deus vivo».

E podemos muito bem considerar, sem agora ir mais longe no mistério, que a chave dessa impressão tão grata está no equilíbrio que dEle emana no meio de todos os contratempos e oposições. Essa nota que caracteriza o seu ser e o seu agir — o dominar os acontecimentos e não ser por eles dominado — procede da sua *paz* trazida da eternidade do Verbo. Ora a paz, no dizer de Santo Agostinho, é «a tranquilidade da ordem». E é essa *ordem* na vida de Cristo, presente em cada um dos seus passos, que se torna para nós inspiração, modelo e estímulo. Estaremos no caminho certo se os nossos esforços por ordenar o nosso tempo e responsabilidades se inspirarem e apoiarem na ordem da vida de Cristo. Para um cristão, seria um erro, além de um empobrecimento e um atraso, não ir buscar diretamente nessa Vida a fonte e a pauta da sua ordem.

Aprender a ordem pelo trato com Deus

Por isso não é uma perda de tempo «perdê-lo» em cultivar o trato íntimo com Cristo. Não há melhor manual que o Evangelho para sabermos como ser homens ordenados. E mais: para perseverarmos nessa disciplina no meio das confusões da vida, e sobretudo para nela encontrarmos, não uma camisa de força, mas uma expressão de liberdade e um sentido muito alto para os sacrifícios que a ordem exige no dia a dia.

Por outro lado, se queremos ganhar esse *espírito de reflexão* que nos ajude a hierarquizar e ordenar as nossas ocupações, não devemos abandonar a meditação diária: por ela, em conversa com Cristo antes de sairmos de casa para o trabalho, olharemos e sentiremos com os seus olhos e o seu coração o que nos cabe fazer e como, teremos a perspectiva eficaz para distinguir o importante do secundário, o necessário do imediato. Numa palavra, veremos à luz de um critério divino os assuntos que nos devem ocupar. E os quinze minutos que se «perdem» em falar com Deus — que deixa de parecer tão remoto como parecia Javé — recuperam-se folgadamente em objetividade no planejamento e, depois, em energia para resolvermos os problemas com isenção e magnanimidade. Certa vez, interromperam o Papa João Paulo II, na sua leitura do breviário, para comunicar-lhe um problema urgente. «É muito urgente?», perguntou o Papa. «Então é hora de rezar». E acabou de ler o breviário.

O mesmo se pode dizer de uma «paradinha» na igreja a caminho ou no regresso do trabalho: para pedir luzes e forças no começo do dia, ou para agradecer no fim da jornada os benefícios recebidos. E, se temos a devida pureza de consciência, será que nos parece um exagero receber a Comunhão em dias de semana? O corpo e o sangue do Senhor são outra fonte de critério e energias, infinitamente superior ao sentido do dever, à capacidade de liderança ou à pressão das circunstâncias, para enfrentar com garbo as responsabilidades pessoais.

Todas estas «normas de piedade», quando bem distribuídas, têm o poder de constituir um valioso fator de ordenação do dia. Se a vida humana, como diz um autor[2], se compõe de ritmos — ritmos do coração, da respiração, do dia e da noite, das refeições, da semana —, os tempos diários dedicados a Deus devem fazer parte desses ritmos para se converterem num *costume*, tão vital como os que compõem a nossa existência. O costume — ao contrário da rotina — não deve ser entendido como algo negativo; antes pelo contrário, é a facilidade de fazer

---

(2) Jacques Philippe, *Tempo para Deus*, 4ª. ed, Quadrante, São Paulo, 2016, p. 92.

naturalmente uma coisa que a princípio exigia luta e esforço, e é o que ocorre quando se ganha o hábito de reservar todos os dias uns tempos para Deus: torna-se algo que se faz espontaneamente, com imenso gosto. Bem feitas as contas, o balanço é um só: *gasta-se o mesmo tempo em ter uma vida santa do que em ter uma vida vulgar*.

Quem tome a sua fé a sério verá sobretudo que a razão última da fidelidade a esses encontros com Deus não é apenas prática, mas bem mais profunda. Mostra-o um episódio relatado por um médico, Bernard Nathanson, muito conhecido por ter sido um campeão do abortismo — abortou por suas mãos um filho concebido numa relação passageira —, e que mais tarde, finalmente enojado, se converteu em defensor da vida.

Fazia o doutor a sua visita clínica aos pacientes de um hospital e abeirou-se do leito de um canceroso que rezava sem parar. Travou-se este diálogo:

— Que pede nas suas orações?

— Nada em particular.

— Então, se não é para pedir, para que serve rezar?

— Para muito. Recorda-me que não estou só.

Comenta Nathanson: «Corremos para Deus ou corremos fugindo de Deus. Em qualquer caso, Deus esteve no centro de tudo»[3].

Não tê-lo por centro é retirar ao nosso dia o seu eixo, esvaziar de coesão os nossos atos e caminhar a passos largos para uma vida feita de «orações subordinadas», sem a principal que as reúna e lhes dê sentido: aguarda-nos a

---

(3) Cf. Bernard Nathanson, *A mão de Deus*, Quadrante, São Paulo, 2020.

amargura de uma vida sem nexo, na maior de todas as solidões — a solidão de Deus.

E há a melancolia e a indefinição do poeta que se rebela e desatinadamente se proclama autônomo:

«Vem por aqui» — dizem-me alguns
*   com olhos doces,*
estendendo-me os braços, e seguros
de que seria bom que eu os ouvisse [...].
Ah, que ninguém me dê piedosas intenções!
Ninguém me peça definições!
Ninguém me diga: «Vem por aqui»! [...]
A minha vida é um vendaval que se soltou.
É uma onda que se alevantou.
Não sei por onde vou,
Não sei para onde vou.
Só sei que não vou por aí![4]

---

(4) José Régio, «Cântico negro», em *Poemas de Deus e do Diabo*; cit. em id., *Contos*, Europa-América, s.d., p. 12.

Um homem que cultiva o colóquio com Deus sabe para onde vai e por onde. E nunca está só.

As ocupações profissionais

Obviamente, a profissão é o campo por excelência para a prática da virtude da ordem. Seria descabido falar de ordem a quem vive de rendas.

Não é caso para nos determos agora a considerar como se põe o problema da ordem nas diversíssimas situações de trabalho profissional. Mas pode servir de lema e guia este ponto de *Caminho*: «Faz o que deves e está no que fazes»[5].

Em cada momento, já o víamos, não há várias coisas a fazer, mas *uma só*: a que ditam as nossas obrigações

---

(5) Josemaria Escrivá, *Caminho*, n. 815.

para esse momento, previamente pensado ou então reclamado pela caridade urgente. Tudo o mais está deslocado e acaba por doer como um osso fora de lugar. Por outro lado, a isso que agora nos cabe fazer — e unicamente a isso —, devemos aplicar-nos com os cinco sentidos: «estar no que fazemos» com todas as nossas capacidades e entusiasmo. Este entregar-nos às nossas tarefas de corpo e alma reconduz-nos à ordem não apenas como elemento «organizador», mas «inspirador»: por que me ocupo nisto e não naquilo?; afinal qual é a *intenção* que me move a realizar este trabalho e não aquele?

Por outro lado, «estar no que se faz» implica não só que se apliquem os cinco sentidos, mas que, por essa ordenação e intensidade, a pessoa atinja *a verdade da sua existência*, isto é, que trabalhe de tal maneira que ela própria se realize como ser humano cabal e como cristão autêntico: que, pelo modo como realiza o seu trabalho, este seja para ela uma *forja de virtudes*, que estas a *informem*, isto é, lhe deem *forma*.

Encontramos a contraprova disso no clima em que se desenvolvem as nossas ocupações. Trabalhamos com sossego ou agitados?, sem precipitações no estudo dos assuntos, sem aflições com prazos?, sem atropelar nem magoar ninguém, até com elegância humana? Uma máquina trabalha ordenadamente conforme está programada; um ser humano trabalhará ordenadamente se a sua ordem não for um mero automatismo, mas refletir e favorecer esse clima pela sua atitude interior. Nele, a ordem inclui essa «forma».

Começa muito cedo o esforço por adquirir hábitos de ordem: desde a infância, com o carinhoso desvelo e firmeza com que os pais, e sobretudo a mãe, ensinam os seus pequenos a ter um mínimo de disciplina nos seus entretenimentos, nos brinquedos e nos objetos pessoais, na hora de deitar-se e levantar-se, etc. Mas prossegue: nos tempos de estudante, nos do primeiro emprego e, daí em diante, ao longo de toda a vida de trabalho. Um estudante que, apesar de ser um preguiçoso, aposte em que há de receber «ciência infusa»[6], engana-se. Um recém-formado que, apoiado nas boas notas ou em recomendações, ache que o seu caso é «chegar, ver e vencer», logo se desilude. Um profissional que pare de atualizar os seus conhecimentos, prepara um futuro negro. O êxito profissional exige idoneidade e esta depende em boa medida de uma vida disciplinada.

---

(6) Cf. Josemaria Escrivá, *Caminho*, n. 340.

Há pessoas cronicamente incapazes de se ocupar do que fazem no momento, porque estão sempre pensando no que farão depois.

É por isso que a ordem constitui uma virtude de alicerce e, portanto, como acabamos de ver, tem de começar a ser aprendida desde muito cedo, inculcada desde a meninice. Não seja que tenhamos de aplicar ao nosso caso o que diz o autor de um livro de crónicas: «Cresci por distração, consentindo que o estado de coisas se mudasse pouco a pouco em estado de alma»[7].

As normas práticas de ordem no trabalho variam de pessoa para pessoa, de atividade para atividade, mas basicamente são uma questão de sensibilidade. Todos os cursos de racionalização do trabalho, todas as auditorias que contratemos para a nossa empresa, etc., etc., acabam por parar no mesmo: na consciência de que devemos criar hábitos pessoais de ordem e depois, constantemente, reexaminá-los para os modificar ou melhorar. Daí que pouco adiantem os diagnósticos, os dados estatísticos, os métodos recomendados em vista de uma maior eficiência, as

---

(7) António Lobo Antunes, *Crônicas*, Publicações Dom Quixote, Lisboa, 1998, p. 323.

próprias reuniões de avaliação — se depois falha a vontade de levar à prática o que se pensou.

Pode parecer óbvio e até ridículo concluir que tanta armação de conhecimentos sobre como trabalhar eficazmente numa atividade pessoal, ou numa empresa, ou num cargo público de responsabilidade, acaba por depender de pormenores pessoais muito elementares como os destas perguntas:

— Começo e termino habitualmente o meu trabalho a hora fixa?[8]

---

(8) Aliás, para assegurar a pontualidade em começar a trabalhar, importa muito levantar-se todos os dias de trabalho à mesma hora. Não devemos exagerar no tempo dedicado ao sono. Não há regras fixas nesta matéria, mas pode servir de referência o que dizia um especialista com um certo ar dogmático: "Os homens precisam de cinco horas de sono para recuperar as energias; as mulheres, de seis; as crianças, de sete; os idiotas, de oito» (Zenzo Yamamoto, *Veja — São Paulo*, 27.04.05).

— Tenho bem programada a agenda do meu dia? Sei prever, prevenir, prover?

— Disponho dos suficientes instrumentos de trabalho e de pessoas que me auxiliam?

— No meu planejamento profissional e nos meus compromissos, cuido de não estender o braço mais que a manga?

— Só inicio uma tarefa depois de perfeitamente terminada a anterior? Como diz o refrão, «quando se pretende tocar sete instrumentos ao mesmo tempo, algum desafina».

— Esvazio periodicamente, por exemplo no primeiro dia da semana, a minha pasta de «pendentes»?

— Tenho clara a ideia de que os prazos são para serem cumpridos?

— A minha ordem respeita e favorece a ordem dos outros?

— Sei dizer «não» a compromissos supervenientes, a menos que seja por um imperativo de caridade?

Enfim, para dar com a chave das respostas positivas a estas e mil outras perguntas do gênero, e para introduzir as melhoras oportunas, o quesito fundamental para um cristão será:

— Trabalho com a consciência de que Deus, meu Pai, me vê aqui e agora, de que o tempo não é meu, mas dEle, e há de ser, pela pureza de sentimentos e pelo esmero, um ato contínuo de adoração e louvor, de gozoso acatamento filial?

As ocupações familiares

O âmbito dos deveres familiares — representado pelo dedo anular, símbolo de fidelidade — é tipicamente aquele em que a preocupação pela ordem tem um dos seus melhores campos de aplicação e um dos seus resultados benéficos mais evidentes.

Gente que atribui ao excesso de trabalho uma certa justificativa para cumprir pela metade os seus deveres familiares é o mais comum. É uma fraca consolação pensar que afinal, se se volta tarde do trabalho, se se reduz o tempo dedicado à mulher ou marido e aos filhos num fim de semana por causa dos compromissos profissionais, é porque se trabalha para levar avante a família. Mais do que nunca, é neste caso que o fim não justifica os meios. Tanto o carinho que se deve ao outro cônjuge como o acompanhamento de cada filho já desde as primeiras etapas da vida não se compadecem com intermitências, nem com «não estar estando» — por cansaço, alheamento mental, etc. —, nem com pedidos de desculpas que não põem termo às exceções, nem com esquecimentos.

Não é mais uma piada, mas um caso que aconteceu mesmo. Dois amigos resolvem encontrar-se no fim do expediente para tratar de montar um negócio. Na manhã do dia combinado, um deles telefona ao outro:

— Desculpe-me, Mário, temos de adiar a nossa reunião porque surgiu um imprevisto.

— Sem problema. Coisa séria?

— Não. É que me esqueci de que hoje a minha mulher faz anos...

Realmente, um *imprevisto* e tanto.

Sabemos que, como disse alguém, poucas vezes a família é cenário de atos heroicos, desses que se poderiam registrar na história: compõe-se de um feixe de atos de dedicação aparentemente banais; mas *é com eles que se constrói a história*. Ora, aquilo que Georges Chevrot, num livro de apenas cem páginas, chamou «as pequenas virtudes do lar», depende, na sua grande maioria, de uma vida bem organizada, que libera tempo para a família e garante as melhores disposições de ânimo[9]. Não é com as «sobras» — de tempo e de disposição — que se edifica a vida familiar. Quem habitualmente não chega a casa para jantar com toda a família, quem não tem cabeça e engenho para programar um domingo familiar alegre e divertido — festivo — e depois cumpri-lo, tem de reestruturar as prioridades da sua ordem, porque se vê a quilômetros de distância que a sua vida está dominada pela desordem.

E os estudos dos filhos?

---

(9) Georges Chevrot, *As pequenas virtudes do lar*, 5ª. ed., Quadrante, São Paulo, 2015. O Autor descreve, entre outras, as «pequenas virtudes» da cortesia, da gratidão, da discrição, do bom humor, da pontualidade, da paciência, da perseverança…

Há uns quarenta anos, certo governador do Estado do Paraná visitava uma colônia agrícola recém-instalada de imigrantes coreanos. Para espanto seu, a única construção de alvenaria da povoação era a escola:

— Mas por que vocês já construíram a escola, se ainda têm de morar em barracas?

— Senhor governador, com perdão; somos agricultores, mas... não somos burros.

Mas só não haverá burrice mesmo se, depois de garantirem uma boa escola para os seus filhos, os pais cuidarem da «escola doméstica». Observava um economista que o grande arranque que experimentaram os «tigres asiáticos» resultou em boa parte da sólida instrução que se proporcionou às gerações jovens. E aqui vem o dado surpreendente: essa preparação sólida não se deveu fundamentalmente ao melhor nível técnico e pedagógico dos estabelecimentos de ensino, mas à dedicação diária dos pais no acompanhamento *em casa* do estudo dos filhos.

É um enfoque que se baseia numa experiência consolidada e que por isso merece reflexão. Dificilmente se supre o tempo que os pais *roubam* à educação e formação dos filhos em casa.

Descanso e cultura

E o dedo mindinho? O lazer tornou-se hoje sinônimo de incultura. O lazer é evasão, é *happy hour*, é a praia, são — para a juventude «boçalizada» — as *raves* e os shows de massa, é a bendita televisão não selecionada mas navegada como se fosse a Internet, causadora de tantos estragos, além de ser uma fabulosa perda de tempo.

No melhor dos casos, como também já se disse, no Brasil — e por que só no Brasil? —, para ser intelectual, basta *parecer* intelectual. Verniz de cultura, semianalfabetismo, conhecimentos puramente utilitários e... em consequência de tudo isso o «achismo»: eu acho, eu não acho, sobre qualquer coisa, desde a melhor loção pós-barba até a existência da alma. Tudo nivelado pelas sensações e impressões do momento, pelo comodismo, por uma propaganda que visa lucros muitas vezes ao preço da dignidade humana, sobretudo da dignidade da mulher. Ou pelo «politicamente correto» que se martela na mídia e está na boca de todos, sem ninguém ousar contradizê-lo, mesmo que em nome do simples bom senso.

Como diz um autor, «não deixa de ser curioso que, num mundo em que cada um é livre de fazer o que quer, *todos acabem fazendo o mesmo*. Naturalmente, quem não se adapta ao conformismo imperante é acusado de ser inimigo da liberdade e marginalizado com a típica intolerância dos totalitarismos»[10], em nome... da liberdade e da tolerância.

Cultiva-se a liberdade de pensamento e de convicções, entre outros meios, pela leitura. A leitura desmassifica, enriquece e descansa, sim. Descansar lendo? É a última coisa em que se cogita: soa a contrassenso. Daí o «pensamento débil» que, na expressão de João Paulo II, caracteriza a cultura de hoje, ou o «pensamento banal», que se forja e se traduz na «linguagem fosca» da juventude monossilábica, e que, nos mais velhos, leva a conversas ocas de bares e a «atos irrelevantes»[11].

---

(10) Rino Camilleri, *I mostri della Ragioni*, Edizioni Ares, Milão, 1993.

(11) Cf. Dora Kramer, *O Estado de São Paulo*, 26.01.05.

Descanso e cultura fundem-se no ato de ler, no hábito de ler. De ler com critério, entende-se. Por que a leitura há de ser, no melhor dos casos, mera «leitura de evasão»? E muitas vezes de pura porcaria, que faria um caminhoneiro ou um borracheiro ruborizar-se? «Quantas vezes julgam levar debaixo do braço um livro... e levam um montão de lixo!», diz *Caminho*[12]. Seria necessário ter muitas vidas para ler o que de melhor se escreveu em romances que analisam os sentimentos nobres da alma humana, em livros de História que tanto ensinam, em ensaios claros e leves que abrem perspectivas, que ajudam a pensar, etc. etc.

Para não sairmos deste tema da leitura como boa distração, um dos meios de distrair os filhos pequenos *ensinando-os*

---

(12) Josemaria Escrivá, *Caminho*, n. 339.

é que os pais lhes leiam histórias e que, enquanto as leem, os escutem e respondam às suas perguntas. É um excelente caminho para que as crianças, sem por isso cortarem com os seus jogos e brincadeiras com os irmãos ou amigos, vão adquirindo o gosto pela leitura e aprendendo. Não é este um forte motivo para que os próprios pais *gostem* de ler? Ver um pai ou uma mãe concentrados em ler um livro com toda a paz, confortavelmente sentados numa poltrona — embora sempre dispostos a serem interrompidos —, imprime nos filhos uma imagem que hão de conservar pelo resto da vida, materializada em hábito que eles próprios terão reproduzido no seu dia a dia. Temos de convencer-nos de que, como dizia Paulo Francis, *não há alternativa para a leitura*: não é vasculhando a Internet, a não ser em consultas de pesquisa, que se substitui o ato de instruir-se e refletir *lendo*.

Saber ler é uma arte atraente.

Todos devemos conhecer alguma pessoa, extremamente atarefada, que não se vai deitar sem ter lido ou relido umas páginas de um bom livro; descansa-o mais do que sentar-se exausto diante da TV e deixar correr as imagens sem pensar em nada. Ou aquela outra que tem no carro, no assento ao lado, um livro que mantém aberto e no qual pega tão logo o trânsito para; com fundo musical ou sem fundo musical — lê! E além do mais não pragueja, o que também é útil para o coração e, sobretudo, para chegar a casa sem os nervos em ponta, e abraçar, e contar, e perguntar, e ouvir... Como também dá muita alegria ver um jovem ou uma jovem, no ônibus ou na parada do ônibus, lendo atentamente.

Isto traz-nos de volta ao que víamos atrás sobre o modo de nos relacionarmos com Deus. Não sentimos a necessidade de conhecer melhor Aquele que nos pede que o amemos também com todo o nosso entendimento? «Tu como és, Senhor?», dizia um homem loucamente apaixonado por Deus, que por isso ardia em desejos de saber mais. Não se ama o que não se conhece e pouco se ama o que pouco se conhece. Temos de aprender a *amar* a Deus e a *descansar* lendo sobre Deus, sobre o exemplo que nos deixou nos Evangelhos, sobre a milenar riqueza doutrinal da Igreja, sobre as virtudes do cristão comum.

A leitura diariamente continuada de um livro espiritual bem escolhido é como ler a carta manuscrita de um ser querido, recém-chegada de longes terras: não causa desprazer nem é uma obrigação, mas uma vontade de proximidade, de encontro; é fome de ter notícias, efusão de amor. Pode cansar? Em nenhum lugar melhor do que aqui cabe relembrar a pergunta que antes fazíamos: «Se o seu dia tivesse dez minutos a mais, em que os empregaria?» Porque *onde está o teu tesouro, aí está o teu coração* (cf. Mt 6, 21).

Responsabilidade social

Estamos cansados de saber que o homem é por natureza um ser social, configurado para viver em comunidade, nascido numa família — como Cristo —, chamado por sua vez, na imensa maioria dos casos, a constituir família e a estabelecer vínculos de amizade e solidariedade com os seus próximos. Para um cristão, esse laço é fonte de *responsabilidade*: não só e em primeiríssimo lugar no seio da família, mas também no âmbito das relações que resultam do trabalho profissional, dos conhecimentos que se travam, do trato com os vizinhos, etc. Um cristão não pode encarar esse feixe de relações como produto do acaso ou das circunstâncias, da mera simpatia natural ou camaradagem (esses parceiros num jogo de tênis ou de futebol nos fins de semana), e menos ainda como instrumento a serviço dos seus interesses: «Nos outros, não vês irmãos; vês "degraus"»[13].

---

(13) Josemaria Escrivá, *Caminho*, n. 31.

Esses homens, de um círculo mais amplo que a família, também têm *alma*, e quem me diz que Deus não os pôs em contato comigo porque me quer responsabilizar pela sua saúde espiritual? Posso eu encolher os ombros e repetir com Caim, depois de ter matado Abel: *Acaso sou eu o guardião do meu irmão?* (Gên 4, 9). Ou mais pitorescamente, como Juruna: «De vida privada, índio não fala»? Não é cristão; aliás, nem sequer é humano.

Tem-se observado que uma das maiores carências do homem do nosso tempo é não ter ninguém que possa tomar como *confidente* dos seus problemas íntimos — de temperamento, familiares, profissionais... —, que esteja disposto simplesmente a ouvi-lo e, como acontecerá muitas vezes, a dar-lhe uma opinião, um conselho, para as suas crises, impasses ou fraquezas. É necessário criar *espaço* no nosso dia a dia para esse diálogo de amizade e confidência.

Quando se fala de responsabilidade social, pensa-se logo em voluntariados para obras de benemerência, de assistência aos desvalidos, aos presos e doentes abandonados, etc. É excelente que o faça quem tiver inclinação e recursos financeiros ou de tempo para fazê-lo. Não é a maioria. O que todos nós podemos fazer, e assim Deus nos pede indubitavelmente, é que sejamos *humanos* no trato com os nossos amigos e conhecidos: que não nos vejam frios e distantes, mas atentos, disponíveis, com sensibilidade para ouvir um desabafo ou despertar uma confidência. E isto não exige uma especial dedicação de tempo.

Aqui a virtude da ordem assume um outro viés: a ordem nos *sentimentos*. Situa-se no plano da caridade, da *abertura aos outros*. Já vimos acima que a «nossa» ordem, bem quadriculada em função do que sabemos ter de fazer, deve ser suficientemente flexível para ceder o lugar à «desordem» provocada por um dever imperioso de caridade. É a parábola evangélica já citada do bom samaritano, um homem de negócios tanto ou mais ocupado que os que passaram antes dele pelo homem ferido na estrada de Jericó, mas que se detém e socorre esse infeliz.

Mas, se nesse caso, se pode falar de uma «nova» ordem que mexeu com a distribuição do nosso tempo, normalmente não há necessidade de «programar» o exercício dos deveres de caridade. Senão vejamos:

— Que tempo a mais me leva ser acolhedor, bem-humorado, prestativo no relacionamento habitual com os meus colegas de escritório?

— Que me custa aconselhar a um amigo desorientado ou aflito um bom livro que responderá mil vezes melhor que as minhas palavras ao problema de que me falou?

— Será que me exige horas extras mostrar firmeza de convicções, baseada em conhecimentos sólidos, numa roda de amigos em que se tocam levianamente — quanto mais se desconhece, mais se pontifica, infelizmente — problemas que dizem respeito à conduta do homem: o reto uso do sexo, a moral profissional, o equilíbrio entre autoridade e liberdade na educação dos filhos, etc.? Ou que fazem pensar sem preconceitos nas verdades da fé: a existência de Deus, a imortalidade da alma, o verdadeiro rosto da Igreja, a plena compatibilidade da sua doutrina com o avanço da ciência?

— Será tempo a mais, durante um almoço de negócios, depois de se ter tratado dos assuntos profissionais, abordar algum tema menos pragmático, que suscite inquietações acerca da alma e abra horizontes espirituais?

Já alguém disse que os homens às vezes precisam ser sacudidos como os tapetes, para fazê-los sair da modorra e ascender a um nível superior. Aliás, encontraremos casos em que as pessoas estão convencidas da necessidade de uma mudança radical, mas simplesmente «deixam para a segunda-feira». Essas conversas a sós, que surgem em ocasiões por vezes inesperadas, bem conduzidas, dão que pensar ao nosso interlocutor. E acaba por agradecer que nos interessemos pelo seu futuro último, porque «é lá que as pessoas vão passar o resto de suas vidas»: nessa eternidade com Deus.

A ordem impede que os compromissos que assumimos se tornem um peso superior às nossas forças.

«Guarda a ordem, e a ordem te guardará»

Todos os dedos da mão são igualmente necessários. Que o diga quem se cortou num deles. Quantos movimentos automáticos fazemos sem nos darmos conta de que todos esses dedos participam ativamente! O equilíbrio de uma vida resulta da conjugação de todos os elementos que nas páginas anteriores, em imagem, fomos pendurando de cada um deles. Como se consegue?

«Guarda a ordem, e a ordem te guardará», ou, como se diz em latim: *Serva ordinem, et ordo servabit te*. Parece difícil de acreditar, mas é assim mesmo. Pessoas polarizadas, obsessionadas, ou, no outro extremo, anárquicas, avessas a qualquer assomo de disciplina, são pessoas fadadas ao fracasso, se não global, com certeza parcial; pelo menos, ficam aquém da medida do que poderiam render em benefício deles próprios e, com repercussão mais grave, da sua missão como chefes ou membros de uma família, como células vivas da sociedade pelo seu trabalho profissional, pelo espírito exemplar no cumprimento dos seus deveres particulares e cívicos.

Não conhecemos pessoas que admiramos porque fazem bem mil coisas nas mesmas vinte e quatro horas que para nós se escoam pelos ralos da indolência e do capricho? Inteligência lúcida, rapidez de reflexos, capacidade de liderança, flexibilidade para adaptar-se *sur la marche* aos imprevistos, tudo isso influi na diferença, sem dúvida, mas sobretudo influi o hábito da ordem nos juízos, na hierarquização dos valores e das tarefas, iluminada pelos dados da fé.

Mas já vemos que o segredo não está apenas em ter um lugar criteriosamente escolhido para cada coisa. Está na pronta execução. Se não há a vontade de colocar tenazmente cada coisa no devido lugar e tempo, pouco se consegue: «São precisos novos regulamentos, dizes... — Achas mesmo que o corpo humano melhoraria com outro sistema nervoso ou arterial?»[14] E insiste o mesmo autor: «Nunca confies só na organização»[15]. O mais importante, depois de arrumarmos diariamente a cabeça, é *o sentido do compromisso conosco próprios*, que leva a fazer passar por esses canais já abertos a torrente dos nossos afazeres.

---

(14) Josemaria Escrivá, *Sulco*, n. 400.
(15) *Ibidem*, n. 403.

UMA VIDA EM HARMONIA

O valor do tempo

Haveria muito que dizer a propósito desse espírito de compromisso no exercício da virtude da ordem. Mas observemos brevemente apenas um aspecto: o sentido agudo do valor do tempo.

Temos consciência de que a vida é breve, e para isso não é necessário chegar a uma idade em que, como dizia alguém, já só resta reconhecer: «O meu futuro agora está atrás de mim». A vida vai-se, e o tempo que passa é irrecuperável. Quem pode armazenar um sopro de brisa numa tarde abafada de verão? Passou. Não volta.

Esta realidade em idade nenhuma é deprimente, sobretudo para quem assume a fé como um valor vital. É antes um estímulo: precisamente por ser irrepetível, convida a viver o momento presente em plenitude. Porque, bem vistas as coisas, o instante que passa é um pedaço de eternidade que se antecipa, para bem ou para mal, conforme exerçamos a liberdade correta ou indevidamente.

Há os que fazem da liberdade um álibi para se ocuparem em tudo menos naquilo que *devem* naquele momento. Entretêm-se com pretextos de todo o gênero, esquecidos de que o valor de um homem se mede pelo valor do seu *hoje e agora*. Uma das mais claras manifestações de imaturidade é trocar aquilo que se deve fazer por aquilo que custa menos ou agrada mais — o adiamento indefinido. Com muita mordacidade e pouca justiça na generalização, dizia o escritor Paulo Mendes Campos:

«Há em nosso povo duas constantes que nos induzem a sustentar que o Brasil é o único país brasileiro do mundo. Brasileiro até demais. Colunas da brasilidade, as duas colunas são: a capacidade de dar um jeito; a capacidade de adiar [...]. O brasileiro adia; logo existe»[1].

Em contrapartida, o cristão percebe que, como víamos atrás, o que está em jogo é algo muito sério — nada menos que a correspondência à graça: «Sempre pensei — diz o autor de *Sulco* — que muitos chamam "amanhã", "depois", à resistência à graça»[2]. Porque o tempo da graça é *agora*. É no instante que passa que Deus nos espera com as

---

(1) Paulo Mendes Campos, *O colunista do morro*, 1965, cit. Roberto Pompeu de Toledo, *Veja*, 8.09.04.

(2) Josemaria Escrivá, *Sulco*, n. 155.

suas luzes e com o seu auxílio, em reforço da nossa vontade débil.

Houve quem qualificasse de «sacramento» o dever do momento presente. E assim é, de algum modo: o que agora me cabe fazer, se realmente o faço, como que cristaliza, *materializa* a graça divina. A pontualidade é veículo da ação de Deus, ponto de aplicação da força de Deus.

E por isso é fonte de alegria. Não pode deixar de ser alegre o encontro da vontade *atual* do homem com a vontade *eterna* de Deus. É como se naquele momento comungássemos: o *agora* no cumprimento do dever é uma comunhão espiritual.

Nessa fidelidade ao dever do momento, não há, pois, motivo para resmungos, caras feias, má-vontade, cansaço ou tédio. E se por vezes essa pontualidade custa uma lágrima, a lágrima torna-se sorriso. Aparece o rosto de Deus, infinitamente amável e consolador.

A harmonia de uma vida em ordem

«A ordem dará harmonia à tua vida [...]. A ordem proporcionará paz ao teu coração e gravidade à tua compostura»[3].

Um homem, não «ordeiro», mas ordenado — em quem a ordem não é um modo de ser ou uma mania, mas virtude —, desenvolve-se harmonicamente. Não há nele estridências nem histerismos, incompatibilidades e conflitos habituais na execução das diversas responsabilidades. Esse homem não se escusa de um dever com outro dever; as peças de que se compõe a sua vida não se atritam, mas se encaixam umas nas

---

(3) Josemaria Escrivá, *Forja*, n. 806.

outras como a perfeita engrenagem de uma máquina complexa.

A ordem nos garante uma navegação tranquila pelos mares tempestuosos desta vida.

E daí a «gravidade da compostura», mesmo em momentos críticos, como recorda *Sulco*: «Passas por uma fase crítica: um certo temor vago; dificuldade em adaptar o plano de vida; um trabalho sufocante, porque não te chegam as vinte e quatro horas do dia para cumprires todas as tuas obrigações... — Experimentaste seguir o conselho do

Apóstolo: *Faça-se tudo com decoro e ordem* (1 Cor 14, 40), quer dizer, na presença de Deus, com Ele, por Ele e só para Ele?»[4]

Um homem desorganizado não é um homem sério. Acabará em algum momento por ter para com os outros atitudes e comportamentos «indecorosos», faltos de dignidade e até de justiça e de simples decência. Será efetivamente um homem *não confiável*.

Já um homem cujos passos a ordem disciplinou tem sempre paz no seu coração. «Eu não me preocupo; ocupo-me», dizia São Josemaria Escrivá. Esse homem tem uma paz interior que lhe permite transformar imediatamente as preocupações em ocupações; sai da agitação do «problema» para entrar na paz da «solução». É o azeite derramado

---

(4) Josemaria Escrivá, *Sulco*, n. 512.

em torno da pequena embarcação fustigada pelas vagas da agitação diária; ou o vento suave que torna a empurrar a barquinha imobilizada na calmaria do *dolce far niente*.

Assim deveria transcorrer a vida de todo o homem e, com mais razão, a de um homem de fé. Aí, sim, há a construção de um edifício tijolo a tijolo, segundo um plano, em sequência ágil de atos que se interligam, subordinados a uma ideia *vocacional* nos diversos aspectos que vimos atrás, nunca realizados aos empurrões. Não há esse deixar a vida correr nem essa desculpa esfarrapada de quem se justifica: «Enquanto não fizer isto, não quero saber de mais nada», ou «depois que isto se resolver, então...» Sentimos desgosto em enganar-nos assim a nós mesmos.

Tudo isto é possível. Basta — não é pouco; é tudo — atentar para a parte final da reflexão acima citada: você já experimentou fazer tudo com «decoro e ordem, quer dizer, *na presença de Deus, com Ele, por Ele e só por Ele?*»

Quem se deixa guiar pela vontade próxima e concreta de Deus nas horas do seu dia, nas etapas da sua vida, em livre e delicada atenção ao querer de Deus, experimenta a conciliação dos opostos e obtém uma provisão de esperança: a sua vida não terá sido estéril nem para os homens, nem fundamentalmente para Deus, que é afinal o que importa. Poderá, ao término dos seus dias, olhar para trás e ver que a eternidade entrou aos poucos no seu tempo. Em cada momento — e isto não é uma utopia —, a imagem que irradia coincide com a imagem que Deus, desde antes que houvesse tempo, fez dele para esse momento; essa pessoa não é uma alma *atrasada* e muito menos *abortada*. Terá chegado para ela o momento de descansar, como um fruto maduro.

Uma perspectiva valiosa

A modo de resumo das considerações feitas atrás, poderia ser útil repassá-las sob a perspectiva de um ancião, de um homem que envelheceu de forma adequada e que, por conseguinte, não se considera perto do fim, mas do eterno, de Deus, que em breve o acolherá. Que nos tem a dizer uma pessoa assim, com base nas suas condições atuais e nas experiências do conjunto da sua vida?

Do ponto de vista da sua sabedoria de vida, dir-nos-á:

— que há coisas que *valem a pena* e coisas que *não valem*;
— que o critério para distinguir umas das outras é o *dever* e não o *apetecer*;
— que o dever é sempre *entrega*, não posse: realiza a pessoa na medida em

que contribui ao mesmo tempo para realizar o próximo, humana e sobretudo espiritualmente;

— que, por definição, em algum momento ou em algum aspecto, supõe *sacrifício*;

— que, assim entendido, só pode ter como fundamento último a *fé*: a relação viva com Deus, que nos pede a vida instante a instante, com a autoridade de quem nos deu a sua em Cristo;

— que, por conseguinte, a *oração* é o verdadeiro meio de ordenar e ter forças para enfrentar as responsabilidades da vida;

— que, nesse estilo de viver, se dá o mesmo valor aos *feitos heroicos* e aos *deveres vulgares* de cada dia; há pontualidade e esmero em todos eles; são todos tributos alegres de amor a Deus, que nos ama como a filhos.

— que esse critério leva a estar sempre *aprendendo* o modo de superar-se e crescer. Para Deus, que não teve começo nem terá fim, a vida é «continuidade» e, portanto, inteira «atualidade»; por isso, os que estão unidos a Ele não param de descobrir novos atalhos para melhorar a ordem no cumprimento dos seus deveres e até na disposição das coisas materiais;

— que essa vida pautada pela busca da Vontade de Deus é o que afinal importa como realização de uma existência, porque Deus é a única garantia de *perenidade* dos nossos atos; o resto vira fumaça.

Mas o ancião, da experiência acumulada, tira outros ensinamentos bem «prosaicos», porém muito úteis em todas as idades. O ancião sabe:

— que não tem capacidade nem forças senão para pensar e fazer uma coisa de cada vez; isto até fisicamente. O velho não pode ter a pretensão de subir uma escada carregando nas mãos cinco coisas ao mesmo tempo; alguma cairá;

— que nada se consegue com arrancadas súbitas, mas com método e perseverança;

— que o planejamento e a perfeita execução exigem paz de espírito. É impressionante observar que, por lei da natureza, os anciãos são lentos e pausados, ao passo que os jovens e os de meia-idade são impacientes. E deveria ser ao contrário, porque os primeiros já não dispõem de muito tempo, ao passo que os segundos têm toda a vida pela frente;

— que a pressa é má conselheira, porque com frequência obriga a retificar atos mal pensados ou executados com precipitação. Os anciãos caminham mais devagar, mas muitas vezes chegam antes, porque não tiveram que refazer o andado;

— que o sacrifício de pensar num lugar para cada coisa e depois colocá-la ou recolocá-la nesse lugar poupa muitas perdas de tempo. O ancião sabe que essa é a sua defesa contra os esquecimentos e a perda da memória;

— que fazer uma coisa bem feita, sem deixar cabos por atar, é o segredo do aproveitamento do tempo. O ancião pode assegurar-nos que muitas vezes perdeu mais tempo passando para outra coisa sem ter acabado a anterior, do que se tivesse concluído perfeitamente essa que deixou a meio; além de que é muito incômodo enfrentar novamente uma tarefa que se deixou inconclusa.

— enfim, que o tempo da *graça* é *agora*, tanto mais que um ancião cada vez sabe menos se poderá dispor de um «amanhã» ou sequer de um «mais tarde». Respondia um homem já de certa idade a quem lhe perguntava pela saúde: «Nesta última meia-hora, tudo ótimo»... Importa programar e executar as obras de cada dia como se fosse o último.

Conta Romano Guardini[5] que, quando alguém perguntou ao cardeal Carlos Borromeu, o pioneiro das reformas estabelecidas pelo Concílio de Trento, o que faria se soubesse que iria morrer dentro de uma hora, o Santo respondeu: «Faria especialmente bem o que estou fazendo neste momento».

Santa Teresa de Ávila, pouco antes de morrer, após uma existência de realizações assombrosas, no meio dos mais duros embates, contrariedades e imprevistos, murmurava: *«Señor y Esposo mío, ya es llegada la hora tan deseada de verte,*

---

(5) Romano Guardini, *As idades da vida*, Quadrante, 1990, p. 58.

tiempo es que nos veamos, Amado mío. Vamos a muy en hora buena»[6].

Isso já vinha de muito antes, da consciência da missão que Deus lhe confiara e daquilo que Ele, para tanto, lhe pedia momento a momento. Conta-se que, tendo chegado a Salamanca, terra de estudantes universitários, na noite de dois de novembro, passou-a com uma das suas religiosas na casa vazia de móveis que ia ser a sede de mais uma das suas fundações por toda a Espanha. Era dia de finados e os sinos dobravam pelas almas. Ao irem deitar-se, nuns molhos de palha na sala de estar vazia, a freira, assustada, disse à Madre:

> «— Madre, estou pensando que, se eu agora morresse aqui, que faríeis vós sozinha?

---

(6) *Obras completas de Santa Teresa*, ed. crít., t. II, p. 242.

«Pareceu-me que, se aquilo viesse a suceder, seria coisa bem dura, e fez-me pensar um pouco e até ter medo, porque os corpos mortos sempre me enfraquecem o coração, mesmo que não esteja só.

«E como o dobrar dos sinos ajudava, pois, como disse, era noite das almas, bom caminho levava o demônio para nos assustar com ninharias.

«— Irmã — disse-lhe —, se isso acontecer, pensarei no que fazer; agora, deixai-me dormir.

«Como tínhamos passado duas noites mal dormidas, não tardou que o sono nos tirasse os medos»[7].

---

(7) Santa Teresa de Jesus, *As fundações*, 19, 5.

Assim discorre uma vida natural e sobrenaturalmente em ordem, estruturada segundo o querer de Deus. Essa virtude, implantada serena mas firmemente, dia após dia, com as lutas e os corretivos necessários, representa o *heroísmo* que se esconde no carisma do homem que vê na *sua* ordem o grande instrumento da ação de Deus.

Talvez possa refletir a ideia central destas considerações a oração pessoal de um desconhecido, que a vazou ao correr da pena num papel de rascunho encontrado por acaso:

> «Senhor, Tu choras à vista de Jerusalém, porque a cidade não conheceu o tempo da sua visitação (cf. Lc 19, 41-44). Senhor, todos os pecados serão perdoados, mesmo contra ti, mas não contra o teu Espírito, porque é rejeitar a graça da bondade

divina, é levantar um dique à ação de Deus. Foste concebido e encarnaste por obra do Espírito Santo para seres meu Salvador, para me visitares trazendo-me o teu Espírito, com o abraço do Pai. Seria uma "farsa blasfema" virar-te as costas, sofismar com a minha consciência, deixar o tempo passar confundindo o imediato com o importante, entregando-me ao supérfluo, ao que pode esperar, ao passo que Tu não podes. Não posso cometer a grosseria de obrigar-Te a fazer sala.

«Chegou o momento da tua visita: é *a plenitude dos tempos*; cada segundo da minha vida é o *teu* tempo, tempo de plenitude, que não pode ser vivido a meias ou então recusado Àquele que me amou e chorou sobre mim como chorou sobre Jerusalém. Senhor, Tu me visitaste e eu fui à minha vida, deixando-te só em minha casa, a ti que me vinhas trazer sentido para os meus dias, alegria de viver. Não vieste como super-homem, para me ensinar façanhas que me assustassem. Mas vieste Deus encarnado — Deus eterno no tempo dos homens —, para fazeres divinos, não super-humanos, todos os meus momentos humanos. Vieste tornar eterno o momento que passa, fugaz, vieste transfigurar o banal em louvor angélico: *Santo, santo, santo é o Senhor Deus do universo*...

«Senhor, que eu te corresponda dizendo *faça-se*, que me visites encarnando-te nas minhas obras, todas, as de agora, não as de ontem nem as de amanhã, que são pesadelos ou fantasmas. Que o meu hoje seja o *teu* HOJE: Eu te gerei *hoje,* como te diz o Pai. Geração eterna hoje, num hoje que se prolonga e em ti se eterniza através das minhas obras, insignificantes, mas obras certas, feitas, com a tua graça, no lugar certo, na hora certa, com a intenção certa, do modo certo. Que eu reconheça cada instante da minha vida como tempo da tua visita. Amém».

Direção geral
Renata Ferlin Sugai

Direção editorial
Hugo Langone

Produção editorial
Juliana Amato
Gabriela Haeitmann
Ronaldo Vasconcelos

Capa
Provazi Design

Diagramação
Sérgio Ramalho

ESTE LIVRO ACABOU DE SE IMPRIMIR
A 25 DE FEVEREIRO DE 2025,
EM PAPEL OFFSET 75 g/m^2.